Maravilhas da Vida

Vida...
Uma maravilha...
Curto com prazer...

A vida, apesar de
tudo é maravilhosa.

Imagine tudo o que
existe de bom no
mundo...

Cinemas, restaurantes, parques de diversão, museus, escolas e mais coisas legais que se pode imaginar.

Aproveitar o melhor pode ser legal demais. As maravilhas da vida são muitas...

Imagine o grandioso
Mar dominando toda
sua vastidão com
glórias.

Pense no seguinte:
O Tão Lindo Sol
direcionando todo
seu brilho no nosso
planeta Terra.

Pare um instante
e pense no famoso
Arco-íris.

Das graciosas chuvas
que se misturam com
belos raios solares
formando o Arco-íris
tão querido.

Quão formoso este

fenômeno.

E as cachoeiras
jorrando suas
muitas águas
sem parar.

Águas que caem
das cachoeiras
vêm por cima do
rio para a parte

debaixo.

Imaginemos agora o barulho do vento balançando as árvores.

Simplesmente um evento incrível.

A natureza mística realizando todos os

seus ciclos
diariamente sem
parar.

Imagine a vida como
sendo uma música.

Seja ela alta, baixa,
suave ou agitada
E não importa
os estilos que a

compõem.

Maravilhosas são as músicas dos muitos diferenciados tipos.

Tanto clássica, como popular, rock, funk, MPB, samba, pagode, sertanejo, enfim...

Todos estilos musicais
são interessantes.

O nascimento de uma
criança.
Uma nova vida sendo
gerada no mundo.

Pois não existe nada
mais bonito que a
chegada de um novo

ser neste universo.

As celebrações, festas.
Um Ano Novo que
vem para alegrar
as pessoas, trazendo
mais esperança.

Aniversário de mais
um ano vivido.
Planos na nova idade.

Comer o seu melhor
prato de comida.
Ou então aquela
deliciosa sobremesa.

Deleitar em comer
bem traz quão
grandiosa satisfação.

Beber um vinho
gostoso.

Tomar champanhe. Tudo isto sem se embriagar, com leveza nobre de espírito.

Mas pode ser um café também.

Suco de frutas seria outra boa alternativa.

Ajudar os outros...
Resultados disto
fazem bem.

Respeitar as pessoas.
Ser exemplo do
certo.

Ser contra as causas
injustas, justamente.

O amor entre um
homem e uma mulher.
Fantástico como
a Lua Cheia de Mix
Romântico.

Céu estrelado mostra
aos habitantes desta
nossa terra majestosos
corpos celestes.

Agora se concentre nas lâmpadas iluminadas por luzes muito brilhosas.

Luminares com várias cores diferentes.

Pense num ambiente todo cheio de luzes como no Natal.

E se você estivesse
ali, bem naquele
lugar com muitas
dessas luzes...

Se impressionaria
com uma maravilha
dessas que os olhos
veem.

O brilhar de cada uma

delas fica bem
nítido aos teus
olhos.

Você percebe cada
brilho.
Sente cada brilho.

Mentalize a gravidade...
Pense...
É possível explicar

a gravidade ?

A resposta desta
maravilha é sim...

Atração dos corpos
mostra sua devida
importância.
Sem gravidade
ficaríamos flutuando
o tempo todo.

Questão de tempo...
Exatamente isso...
E o tempo...

O tempo, apesar de
existir em nossa mente
e nos relógios se
mostra fundamental.

Por meio dele
organizamos toda

nossa agenda diária.
Ele nos faz ter noção
do presente, passado,
futuro.

Registra as horas,
minutos, segundos,
centésimos, milésimos.

Com ele temos ideia
dos dias, meses, anos,

décadas, séculos e
até mesmo os milênios
e o que vem depois...

Sejam milhões, bilhões,
trilhões de anos.

Agora, se faça uma
pergunta:

Como seria a vida sem

suas elogiáveis
maravilhas ?

Talvez a resposta
para essa pergunta
você já tem em mente.

Seria muito chata,
certo ?

Aproveite sempre

tudo de bom nesta vida.

As maravilhas da vida são feitas para serem curtidas.

Curta a vida
Pois é curta
Mas pode ser legal

Guarde estas frases
como numa caixinha
de surpresas

E seja feliz sempre...

www.ingramcontent.com/pod-product-compliance
Ingram Content Group UK Ltd.
Pitfield, Milton Keynes, MK11 3LW, UK
UKHW040020200726
13854UKWH00001B/285

9 798210 020451